目 录

一、使用线形图　　　　　　　1

二、使用条形图和扇形图　　　4

三、使用表格　　　　　　　　7

四、事件排序　　　　　　　　10

五、比较数据　　　　　　　　13

六、理解百分比　　　　　　　16

七、使用平均数和中位数　　　19

八、理解名义价格和实际价格　23

九、理解利率　　　　　　　　27

十、阅读股票市场报告　　　　31

一、使用线形图

🧪 为什么要学习这项技能?

线形图比用文字呈现信息的方式更简洁。线形图是用来比较数值的图形,通常用于展现数值随着时间、地点、群体或其他相关因素的改变而发生的变化。

📖 怎么学习这项技能?

建议你按照以下步骤使用线形图:

1. 阅读线形图的标题,它会告诉你这个线形图是关于什么的。
2. 注意线形图纵轴,也就是左侧的信息。比较的对象通常在纵轴上。
3. 注意线形图横轴,也就是底部的信息。时间通常在横轴上。
4. 确定每条直线或曲线的含义。
5. 在线上选择一个点,然后记下这个点对应横轴上的日期和对应纵轴上的量。

❻ 分析一条线的波动（是否随时间增加或减少）或比较不同的线（如果图中有多条线），以确定提出的观点。

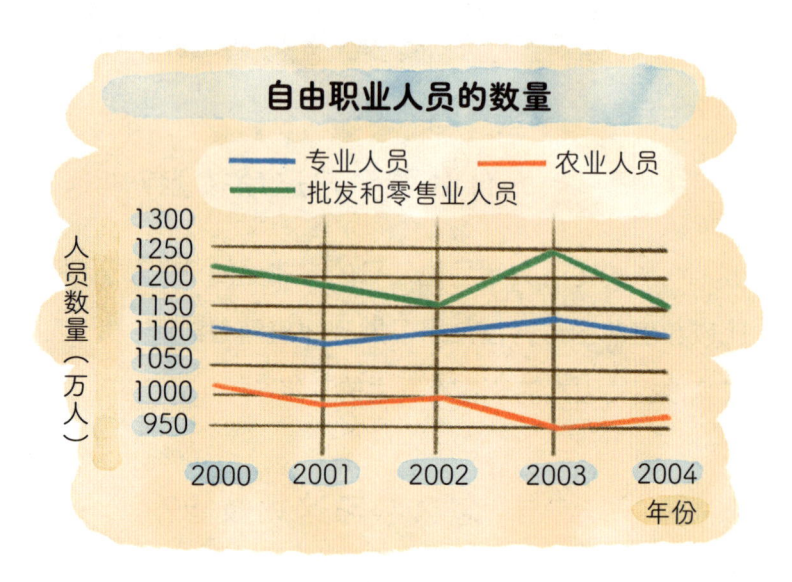

自由职业人员的数量

— 专业人员　　— 农业人员
— 批发和零售业人员

人员数量（万人）

年份

✎ 练习这项技能

1. 2003 年批发和零售业的人员中大约有多少人是自由职业人员？2004 年呢？

2

2. 2003年自由职业的专业人员比2001年多多少?

应用这项技能

1. 哪个行业的自由职业人员数量最少?

2. 哪个行业的自由职业人员数量波动最大?

3. 根据图中信息,你还能得出其他结论吗?

二、使用条形图和扇形图

🧪 为什么要学习这项技能？

条形图常用于显示数量随时间的变化而发生的变化，或用于比较相似类别信息之间的数量。扇形图通常表示部分与整体之间的关系。

📖 怎么学习这项技能？

（1）建议你按照以下步骤理解和使用条形图：

❶ 阅读标题和左侧的轴标签。它们会告诉你条形图的主题，比较的是什么内容以及数值的单位，等等。

❷ 观察图表上的数据条。注意横轴上的时间和纵轴上的数值。

❸ 分析数值随时间发生的变化，或比较不同的数据条，以确定提出的观点。

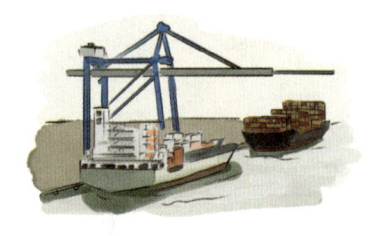

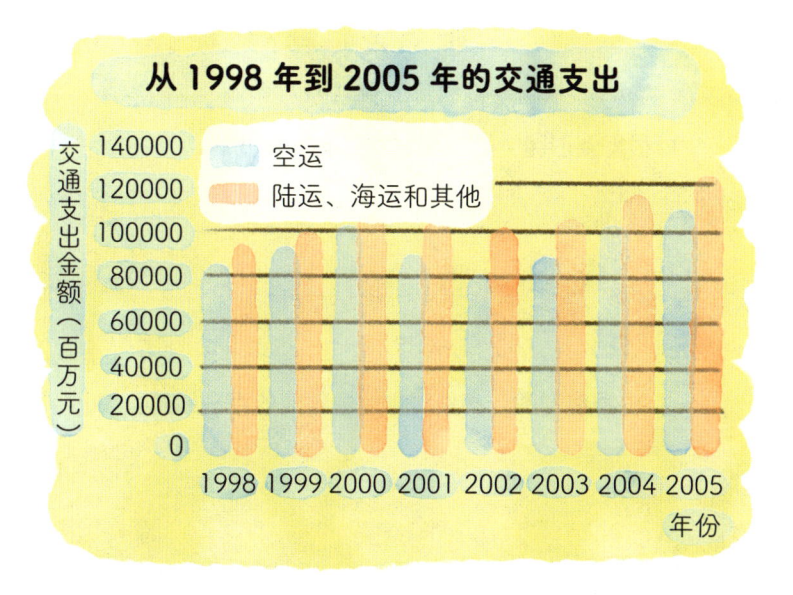

从 1998 年到 2005 年的交通支出

空运
陆运、海运和其他

交通支出金额（百万元）

年份

（2）建议你按照以下步骤理解和使用扇形图：

❶ 阅读标题，确定扇形图的主题。

❷ 阅读图例，了解每部分分别代表什么。

❸ 比较扇形图中各部分的相对大小，从而分析每部分与整体的关系。

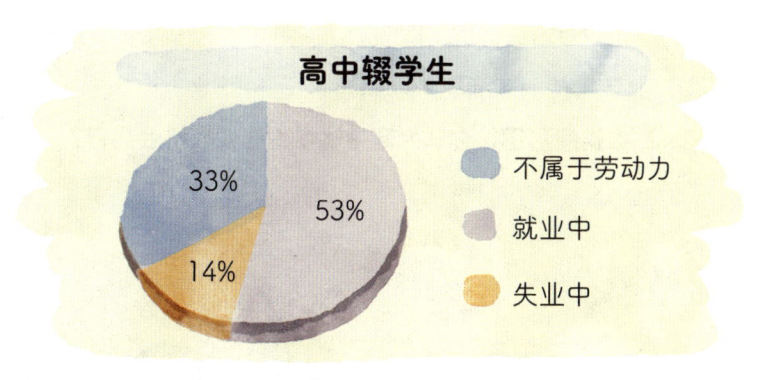

高中辍学生

33%
53%
14%

不属于劳动力
就业中
失业中

练习这项技能

1. 根据条形图,哪一年的空运支出最低?

2. 根据扇形图,高中辍学生中就业的百分比是多少?

应用这项技能

1. 根据条形图,关于空运的未来你能做出什么预测?

2. 根据扇形图,你认为高中辍学生的就业机会如何?

三、使用表格

🧪 为什么要学习这项技能？

表格常用于比较类别相似的信息,通常用于比较数据。表格中的数据以行和列的形式呈现。

📖 怎么学习这项技能?

建议你按照以下步骤理解和使用表格:

① 阅读表格的标题,以了解表格呈现的内容。

② 阅读标题下第一行的表头,它们明确了要比较的信息类别。

③ 观察表格左侧那一列中的文字,它们描述信息的范围或子类别,通常按时间或字母排序。

④ 注意数据的来源,它会告诉你表格中信息是否可靠。

⑤ 比较其他列中显示的数据,这部分是表格的主体。

按年龄和性别区分的全职工人数量（千人）

年龄	总计	%	男性	%	女性	%
16 岁到 19 岁	580704	4.7	288653	4.5	291099	4.9
20 岁到 24 岁	1334383	10.8	699181	10.9	635666	10.7
25 岁到 34 岁	2817031	22.8	1539480	24.0	1283213	21.6
35 岁到 44 岁	3051784	24.7	1603625	25.0	1443614	24.3
45 岁到 54 岁	2804676	22.7	1404776	21.9	1402029	23.6
55 岁到 64 岁	1420871	11.5	712010	11.1	712896	12.0
65 岁及以上	345951	2.8	173192	2.7	178224	3.0

练习这项技能

1. 哪个年龄段的全职工人最多？

2. 哪个年龄段的女性全职工人占比最小？

3. 哪些年龄段的全职工人中男性比例高于女性？

应用这项技能

1. 在这张表格中，你发现了哪些与年龄相关的趋势？

2. 大多数美国工人工作的高峰期在什么年龄区间？

3. 从这张表格中，你能看出全职工人大概是从什么年龄开始退休的吗？

四、事件排序

🧪 **为什么要学习这项技能？**

排序就是把事件按照发生的先后顺序进行排列。排序可以帮助你用一种更容易理解的方式处理大量信息。经济学中，排序可以帮助经济学家理解事件之间的因果关系，进而有助于分析并预测各种事件或政策的结果。

📖 **怎么学习这项技能？**

建议你按照以下步骤对事件进行排序：

1. 找一些提供时间顺序的日期或线索词，比如"2007年""20世纪90年代末""首先""然后""最后""大萧条之后"等。
2. 按事件发生的先后顺序进行排列。
3. 你可以使用时间轴等工具对事件进行排序，这样很容易看到事件之间的时间顺序以及因果关系。

练习这项技能

阅读下面摘录的文段，回答后面的问题。

6月16日早上8点左右，一位来自科罗拉多州科林斯堡的名叫雷米·弗雷泽（Remi Frazier）的年轻人，坐在曼哈顿哥伦布圆环的长椅上，把手机贴在耳朵上，腿上放着一张纽约市地图。那天下午，他启动了一个不可思议的创业项目。这个项目只需要一部手机、一台数码摄像机和一张100美元的纸币，就能在一个月内赚到100万美元。他独自制定了一套规则。

为了实现他的目标，27岁的弗雷泽计划建立一个志愿者网络，这个网络由商业顾问组成，他们构思并设计一个产品，然后对这个产品进行市场研究，最终实现大规模生产和销售。弗雷泽想要用30天完成一个创业公司通常要几年才能完成的工作。

——摘自《商业周刊》，2006年6月30日

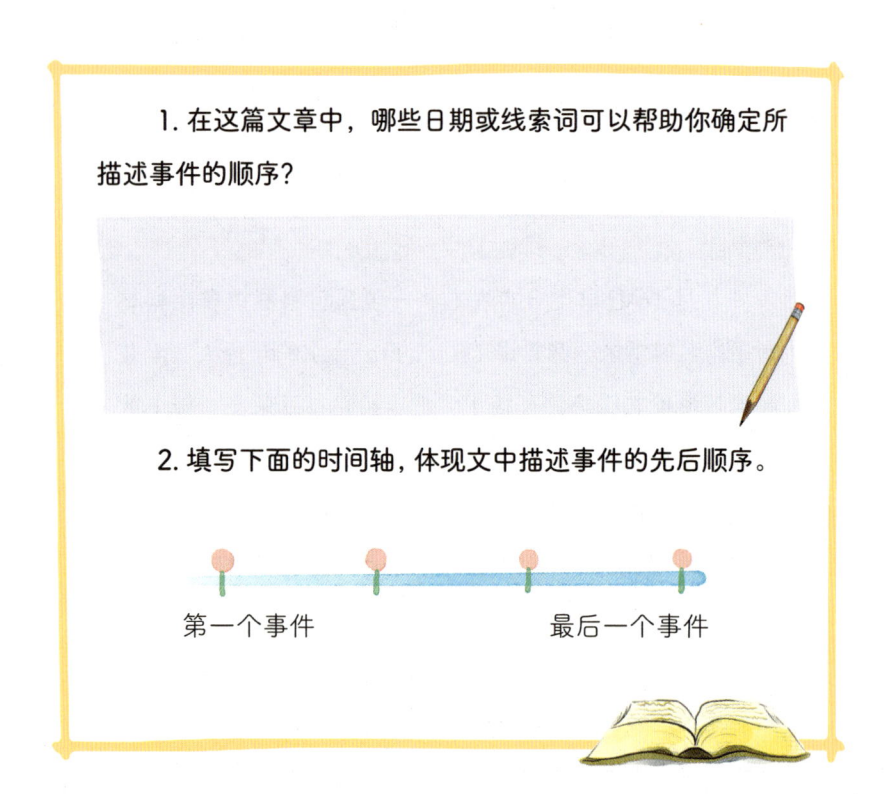

1. 在这篇文章中，哪些日期或线索词可以帮助你确定所描述事件的顺序？

2. 填写下面的时间轴，体现文中描述事件的先后顺序。

第一个事件　　　　　　最后一个事件

应用这项技能

找一篇关于当地企业的新闻报道或文章。以时间轴或表格的形式对文章中的信息进行排序。

五、比较数据

🧪 为什么要学习这项技能？

为确定经济趋势,经济学家通过比较数据可以明确不同经济信息之间的关系,还可以分析经济政策的有效性,或者进行其他类型的分析。一般情况下,最容易的是比较各种表格或图形中的数据。

📖 怎么学习这项技能？

建议你按照以下步骤比较和对比数据:

1. 分别观察每组数据,了解每组数据本身的含义。
2. 寻找每组数据之间的关系。这些信息是怎么联系起来的?
3. 注意每组数据之间的相似性和差异性。
4. 把每组数据放在一起,看看能得出什么结论。

🖌 练习这项技能

比较下图中的两组数据,回答后面的问题。

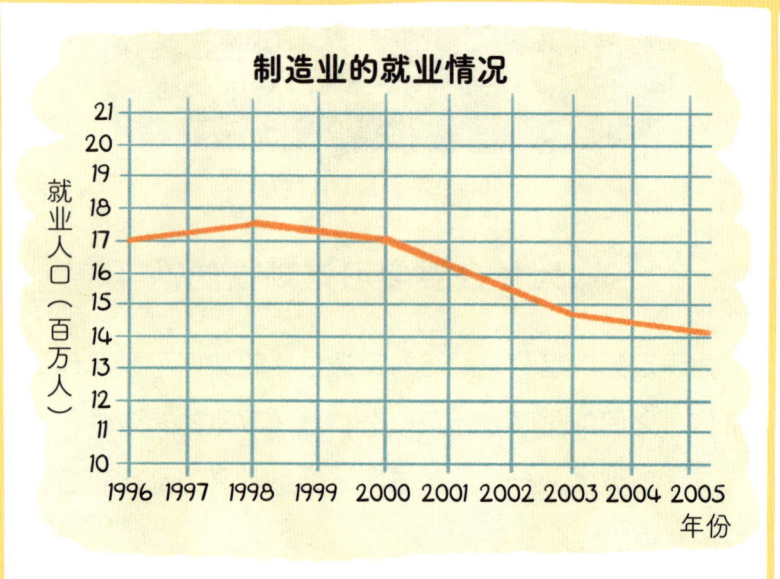

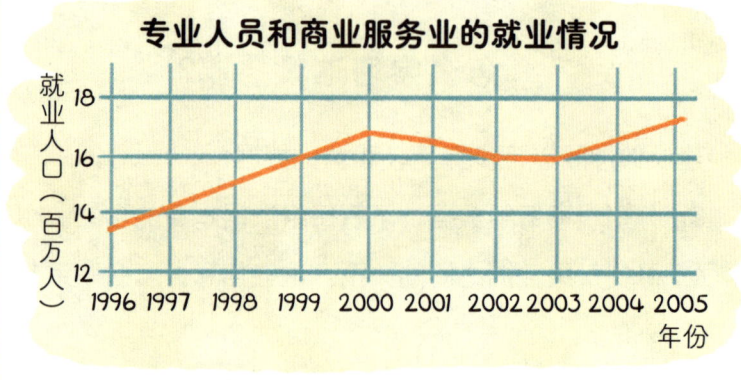

制造业的就业情况

（纵轴：就业人口（百万人），范围10-21；横轴：年份1996-2005）

专业人员和商业服务业的就业情况

（纵轴：就业人口（百万人），范围12-18；横轴：年份1996-2005）

1. 观察第一张图，从1996年到2005年，制造业就业的整体趋势如何？

2. 观察第二张图，从 1996 年到 2005 年，专业人员和商业服务业就业的整体趋势如何？

3. 两张图中的数据有什么关联呢？

4. 关于这两个行业的就业情况，你能得出什么结论？

应用这项技能

在互联网上选择两组关于经济的数据。比较数据，根据你的分析，得出至少两个结论。最后与你的伙伴们分享你的结论。

六、理解百分比

为什么要学习这项技能？

买东西的话，你会喜欢看到"%"这个符号，比如减30%。商家经常把减价商品的价格按照原价的百分之多少来宣传。百分比的意思是"一百份中的几份"，"30%""30/100""0.3"表示的是同样的意思。用百分比来表示变化可以帮助你分析变化的相对大小。

怎么学习这项技能？

建议你按照以下步骤计算和使用百分比：

1. 假设一双鞋在原价基础上减价30%，用原价乘以减价百分比来计算折扣金额，要把百分数改为小数再计算。
2. 你可以从原价中减去折扣金额得到当前的售价。
3. 你还可以用原价乘以"1- 减价百分比"来计算售价，把百分数改为小数再计算。

计算百分比

	❶	原价	❷		❸
鞋的原价	57.00	原价	57.00		57.00
30%	×0.30	折扣金额	−17.10		×0.70
折扣金额	17.10	售价	39.90		39.90

❹ 使用本年的销量减去上一年的销量，可以计算出销量增长了多少。

❺ 使用上一步计算出来的增长量除以上一年的销量，可以得到增长的百分比。把得到的小数结果乘以100%，转换成百分数。

数值变化和百分比变化

数值变化：
❹
1.6 今年销售的黄油（十亿公斤）
− 1.5 上一年销售的黄油（十亿公斤）
―――
0.1 黄油增长的销售量（十亿公斤）

❺
百分比变化：$\dfrac{0.1}{1.5} \approx 0.067 \times 100\% = 6.7\%$

练习这项技能

1. 一家商店的广告中说,一件衬衫原价440元,降价25%销售,现在售价多少?

2. 某高中的招生人数从1165人增加到了1320人,增加的百分比是多少?

应用这项技能

从2004年到2005年,在网上下载的歌曲数量从1.6亿首增长到了4.7亿首,增加的百分比是多少?

七、使用平均数和中位数

为什么要学习这项技能？

最常用的描述统计数据的方法是平均数和中位数。平均数就是计算一系列数字的总和，然后除以数字的个数得出的那个数。老师计算你们班的平均分数时，他计算的就是平均数。然而，有时使用平均数来描述统计数据会对人产生误导。在一系列数字中有一两个数字比其他数字高很多或低很多的情况下，误导尤其明显。这时候使用中位数会更准确。中位数是按大小顺序排列的一组数据中居于中间位置的数。

怎么学习这项技能？

建议你按照以下步骤计算和使用平均数和中位数：

1. 假设你要计算一些学生的周平均收入。首先，计算所有收入的总和。
2. 用上一步计算得出的收入总和除以学生人数，就可以得出平均数。

❸ 找到这组按顺序排列的数据中居于中间位置的数,41 就是这组数的中位数。比较平均数和中位数。看看哪个统计数据更有用。

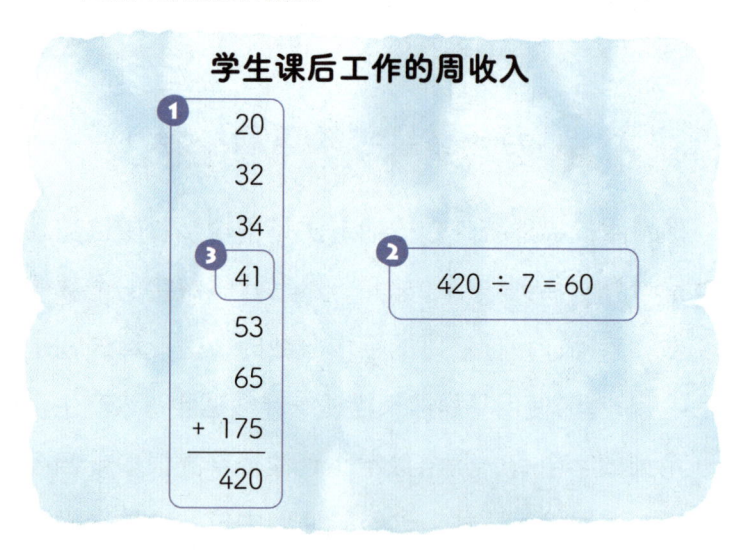

学生课后工作的周收入

❶
20
32
34
❸ 41
53
65
+ 175
420

❷ 420 ÷ 7 = 60

❹ 假设你要计算周收入最高的四个学生周收入的中位数。首先,把数字按从小到大的顺序排列。

❺ 当一组数据中数据的个数是偶数时,中位数是两个中间数字的平均数。你可以按照第一步和第二步计算出这两个数字的平均数,即这组数的中位数。

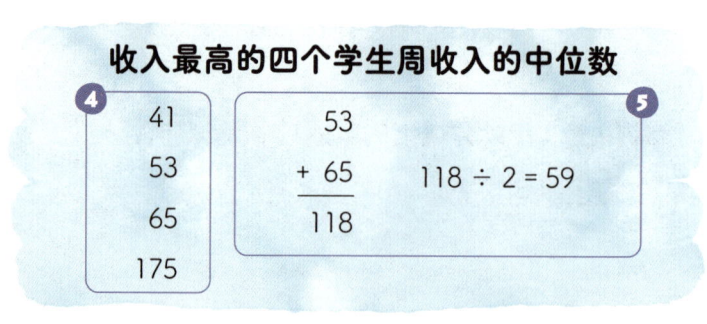

收入最高的四个学生周收入的中位数

❹
41
53
65
175

53
+ 65
118

❺ 118 ÷ 2 = 59

练习这项技能

1. 周收入最低的四个学生周收入的平均数是多少?

2. 周收入最低的四个学生周收入的中位数是多少?

应用这项技能

2005 年不同城市的月租金

迈阿密　　971 美元　　　达拉斯　　709 美元

波士顿　　1216 美元　　　洛杉矶　　1330 美元

1. 这四个城市月租金的平均数是多少?

2. 这四个城市月租金的中位数是多少?

八、理解名义价格和实际价格

为什么要学习这项技能？

经济中整体价格水平的上升叫作通货膨胀。比较过去和现在的物价，需要区分名义价格和实际价格。所谓实际价格，就是根据通货膨胀调整后的价格。你可以使用 CPI（消费者价格指数）来计算实际价格。然后就可以精确地比较收入和价格随时间发生的变化。

怎么学习这项技能？

建议你按照以下步骤计算名义价格和实际价格：

1. 假设有户人家要卖掉一套已经居住 10 年的房子。为了计算出他们是否从出售房子中获得了利润，需要知道他们房子的实际售价。首先，计算出名义价格的涨幅。
2. 计算名义价格上涨的百分比。用上一步计算出的名义价格涨幅除以原价，再乘以 100%，使计算结果为百分比形式。
3. 计算 CPI 上涨的百分比。首先计算 CPI 的实际变化量，然后用变化量除以原 CPI，再乘以 100%，使计算结果为百分比形式。

1995 年购入这套房子的价格为 75000 美元
2005 年出售这套房子的价格为 150000 美元

❶
$$\begin{array}{r} 150000 \\ -\ 75000 \\ \hline 75000 \end{array}$$

❷
$$\frac{75000}{75000} = 1 \times 100\% = 100\%$$

1995 年的 CPI：100
2005 年的 CPI：200

❸
$$\begin{array}{r} 200 \\ -\ 100 \\ \hline 100 \end{array} \qquad \frac{100}{100} = 1 \times 100\% = 100\%$$

❹
$$\begin{array}{r} 100\% \\ -\ 100\% \\ \hline 0 \end{array}$$

❹ 计算实际价格上涨的百分比。从名义价格上涨的百分比中减去 CPI 上涨的百分比。用实际价格比较这套房子的售价。

❺ 假设去年你每小时赚 100 元，今年你会得到 5% 的加薪。今年 CPI 比去年上涨 3%，这意味着存在 3% 的通货膨胀率。

❻ 从名义加薪中减去通货膨胀率就能计算出实际加薪。

❺ 工资：100 元 / 小时
上涨：5%
通货膨胀率：3%

❻
$$\begin{array}{r} 5\% \\ -\ 3\% \\ \hline 2\% \end{array}$$

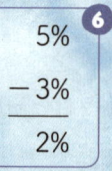

练习这项技能

1. 这套房子的名义价格上涨了多少?

2. 按实际价格计算,出售这套房子的人赚了多少钱?

3. 今年的实际加薪金额是多少?

应用这项技能

从 2004 年到 2005 年,雇主的医疗保险费增长了 9.2%,几乎是通货膨胀率的三倍。根据这些信息,请问当年的通货膨胀率是多少?如何根据通货膨胀率调整医疗保险的费用?

九、理解利率

为什么要学习这项技能？

当你把钱存入储蓄账户时，银行会付给你利息。一年的利息金额占存款金额的比例用百分数表示，比如 6%。存在两种类型的利息：单利和复利。单利只计算本金或原始存款的利息，不计算利息的利息。复利除了计算本金的利息，也要计算利息的利息。

怎么学习这项技能？

建议你按照以下步骤理解和计算利率：

1. 假设你在一个储蓄账户里存了 100 元，每年有 6% 的单利。要计算你的利息收益，需要先把 6% 转换成小数。
2. 如果要计算获得的单利收益，可以用本金乘以利率。
3. 假设银行每年的利率相同。如果要计算前两年的账户余额，需要把本金、第一年的利息和第二年的利息相加。

单利

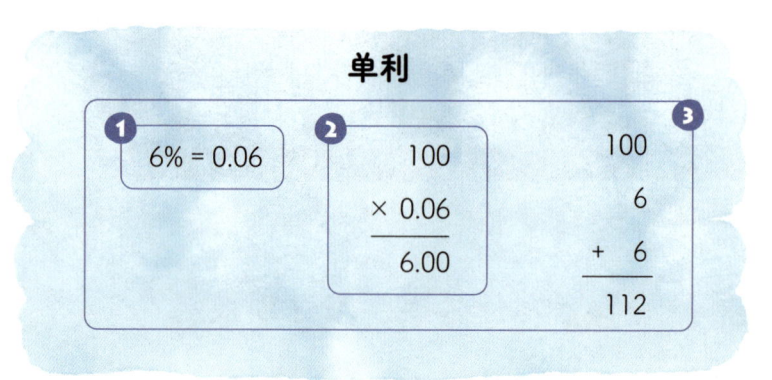

1 6% = 0.06

2
```
  100
× 0.06
──────
 6.00
```

3
```
  100
    6
+   6
─────
  112
```

4 假设你在一个储蓄账户里存了 100 元，每年有 6% 的复利，先计算第一年的利息。

5 计算第一年年末的账户余额，把本金和第一年的利息相加。

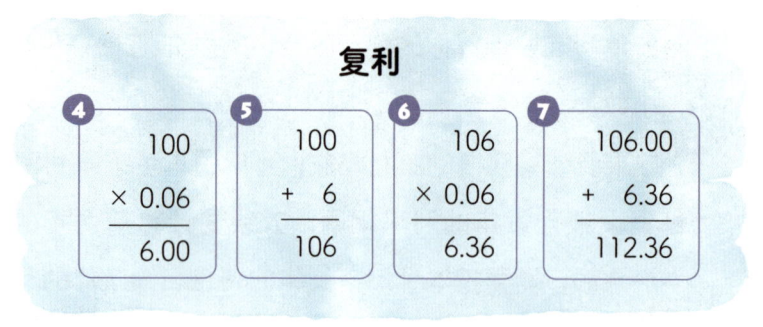

6 如果要计算第二年的利息，用上一步计算出来的第一年年末账户余额乘以利率。

7 计算两年后的账户总余额，把第一年末的账户余额和第二年的利息加在一起。

复利

4
```
  100
× 0.06
──────
 6.00
```

5
```
 100
+  6
────
 106
```

6
```
  106
× 0.06
──────
 6.36
```

7
```
 106.00
+  6.36
───────
 112.36
```

练习这项技能

1. 如果最初账户里的余额是 1000 元而不是 100 元,单利和复利的收益有什么不同?

2. 如果将 100 元存 5 年,单利和复利的收益会有多大差别?

应用这项技能

1. 如果复利按日计息而不按年计息,会产生什么影响?

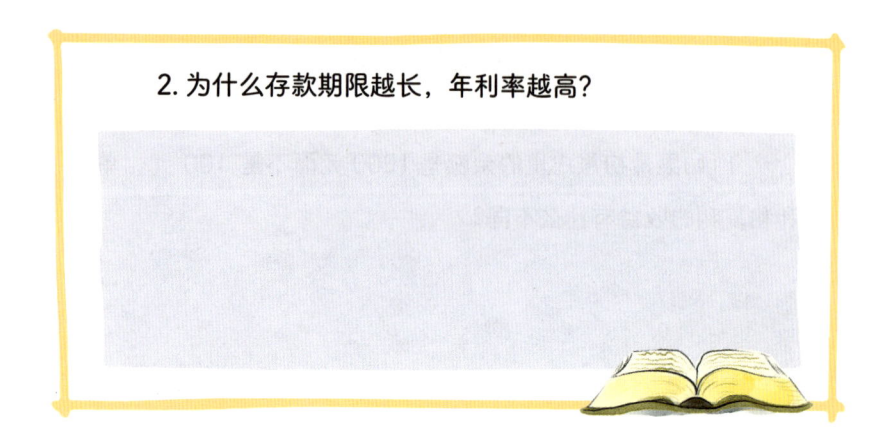

2. 为什么存款期限越长，年利率越高？

十、阅读股票市场报告

为什么要学习这项技能？

股票市场报告会提供有关股票价格和交易的信息。每个工作日，股票都会有买入和卖出。当每个交易日开始时，股票开盘价与前一天收盘价相同。随着供需状况的变化，一天之中，价格一般会上下波动。一天结束时，每只股票的收盘价都会被记录下来。

怎么学习这项技能？

建议你按照以下步骤理解和使用股票市场报告：

1. 在列表中找到该股票的名称，注意：股票名称是缩写形式。
2. 观察过去 52 周股票的表现情况。在这里能看到每只股票的最高价和最低价。
3. 注意股票的股票代码。
4. 评估股票的年度股息。股票持有者每持有一股股票，可以获得这股股票的股息或报酬。

股票行情表

最高价(52周)	最低价(52周)	股票名称 ❶	股票代码 ❸	股息 ❹	股息率(%) ❺	市盈率 ❻	成交量(100股) ❼	最高价	最低价	收盘价 ❽	涨跌幅(与上一交易日收盘价之差) ❾
86.40	47.87	苹果	AAPL	2.22	2.9	34.96	391290	77.78	76.10	77.74	+1.86
475.11	290.69	谷歌	GOOG	6.82	1.7	59.68	51928	407.68	401.77	406.99	+3.01
27.49	16.75	英特尔	INTC	1.10	5.5	18.15	939098	19.98	19.32	19.96	+0.55

❷

32

❺ 查看股息率，用每股年度股息除以收盘价计算可以得到股息率。

❻ 查看市盈率，如果同行业中某家公司股票的市盈率更高，一般意味着投资者更看好该公司的未来。

❼ 注意当日成交量，单位是"100 股"。

❽ 观察当日最高价、最低价和收盘价。

❾ 观察当日收盘价与前一交易日收盘价的涨跌情况。正数表示价格上涨，负数表示价格下跌。

练习这项技能

1. 谷歌股票当天交易了多少股？

2. 苹果股票当天的最高价格是多少？

3. 哪只股票的收盘价相对前一天的涨幅最大?

应用这项技能

如果你以 52 周最低价购买了 100 股英特尔股票,然后以这一天的收盘价卖出,你能赚多少钱?